COPIE DE L'ADRESSE

DES CITOYENS DE MARSEILLE

A LA CONVENTION NATIONALE

en date du 17 mars 1793, l'an 2e.

(Imprimerie patriotique et républicaine, rue Saint-Honoré).

Vivre libre ou mourir!
1793.

Marseille, le 17 mars 1793, l'an II
de la République française.

Mandataires infidèles, vous qui vouliez l'appel au peuple.

Votre perfidie est à son comble. Trop longtemps déjà vous avez occupé le poste honorable que vous étiez indignes de remplir et où vous ne restez que dans le coupable espoir de perdre la République dans son berceau.

Mais, vainement, vous attendez le succès de vos sourdes manœuvres et de vos scélérates intelligences avec les tyrans conjurés contre nous.

Ce revers passager que nous devons à votre trahison ne tend qu'à creuser le tombeau des traîtres, à réveiller dans nos cœurs républicains, loin de les abattre, cette mâle énergie d'un peuple qui veut sa liberté.

Fuyez de cette enceinte sacrée que vous avez souillée tant de fois de votre souffle impur; laissez aux seuls amis du peuple le soin de faire son bonheur.

Sections, corps administratifs, assemblées populaires, toute la cité de Marseille enfin vous déclarent que vous avez perdu sa confiance et qu'elle vous dénie pour ses représentants. Elle ne peut faire un plus salutaire usage de son droit partiel de souveraineté que de vous ordonner de vous retirer; nous ne reconnaissons de la Convention nationale que cette Montagne tutélaire qui doit, avec nous, sauver la patrie.

Fuyez, lâches et parjures mandataires, ou craignez de ressentir les premiers le glaive vengeur d'un peuple républicain qui se lève pour la troisième fois et qui jure de vivre ou de mourir pour la défense de ses droits.

Signé : GUINOT, *président;* JOSEPH GIRAUD, *vice-président*; BOARD, *secrétaire*; TRATEBAS, *secrétaire;* B. SOLLIER, *secrétaire*; P. TRAHAN, *président de la correspondance;* P. PEYRE-FERRY, *secrétaire de la correspondance.* »

I.

Adhésion de la section n° 18.

La section du n° 18, en permanence, ayant entendu lecture de l'adresse ci-dessus, y a adhéré à l'unanimité comme étant l'expression des sentiments unanimes de l'Assemblée.

A Marseille, le 17 mars 1793, l'an II de la République française.

Signé : PRIC, *président;* JOSEPH HONONORÉ, *secrétaire;* JEAN-BAPTISTE GASSION, *secrétaire-subrogé.*

II.

Adhésion de la section n° 8.

La section n° 8, assemblée en permanence, sous la présidence du citoyen Perrin, ayant entendu la lecture de l'adresse de la société des Amis de la liberté et de l'égalité de Marseille, pénétrée des principes que cette adresse renferme, a délibéré unanimement d'y adhérer et a proposé par amendement qu'à l'avenir les républicains marseillais ne reconnaîtraient plus aucune loi émanée de la Convention nationale qui aurait été faite concurremment avec les appels au peuple, et de suite la section a autorisé son président et son secrétaire de signer l'original de l'adresse.

Marseille, le 17 mars 1793, l'an II de la République française.

Signé : A. PERRIN, *président;* BOMIGNOUX, *secrétaire-subrogé.*

III.

Adhésion de la section n° 15.

Les membres composant la section 15 de cette ville de Marseille, séante à l'Hôtel-Dieu, extraordinairement assemblée, ont adhéré de cœur et d'âme à l'adresse ci-dessus, comme exprimant un vœu qu'ils ont déjà émis. Ils ont donné pouvoir aux président et secrétaire de la signer sur l'original au nom de la section et, sur la proposition d'un membre, il a été délibéré de plus de demander aussi que les mandataires perfides seraient mis en état d'arrestation par les braves Parisiens et conduits sous bonne escorte dans leurs départements respectifs et tous les membres ont demandé de signer individuellement, ce qui a été exécuté.

A Marseille, le 17 mars 1793, l'an II de la République française.

Signé : LAVADE, *président;* JACQUE, *secrétaire.*

IV.

Adhésion de la section n° 10.

Les citoyens de la 10me section, légalement assemblée en permanence dans le lieu ordinaire de leurs séances, après avoir entendu lecture de l'adresse ci-dessus;

Considérant que les lâches qui ont voté l'appel au peuple, n'ont adopté cette mesure criminelle que pour introduire la guerre civile et détruire l'édifice de la liberté de la République;

Considérant que n'ayant pu venir à bout de leurs desseins perfides par cette manœuvre, c'est à eux que nous devons la guerre que nous avons à soutenir contre toutes les puissances voisines, guerre qu'ils avaient adroitement pronostiquée;

Considérant que le peuple français ne peut que devenir malheureux si l'Assemblée de ses représentants conserve encore dans son sein ces traîtres à la patrie;

Considérant enfin que c'est à ceux ci et à leurs sourdes manœuvres qu'on doit rapporter les derniers revers de nos armes qui, loin d'abattre le courage des républicains français, ne fait que l'animer;

A unanimement et par acclamation adhéré à ladite adresse.

Marseille, le 17 mars 1793, l'an II de la République française.

Signé : THOMUT, *président;* BARBIER, *secrétaire-subrogé.*

V.

Adhésion de la section n° 17.

Les citoyens républicains composant la section n° 17, séante en permanence à Saint-Laurent, après avoir entendu la lecture de l'adresse ci-dessus, en date du 17 du courant, présentée par nos frères de la société populaire de Marseille, ont unanimement délibéré d'y adhérer dans tout son contenu, avec de vifs applaudissements réitérés.

A Marseille, l'an et jour que dessus.

Signé : N. DEVIEU, *président,* F. GANIVET, *secrétaire.*

VI.

Adhésion de la section n° 23.

La section n° 23 adhère de tout son cœur à l'adresse ci-dessus.

Marseille, 17 mars 1793, l'an II de la République française.

Pour le secrétaire.
Signé : CONSTANTIN, *président.*

VII.

Adhésion de la section n° 6.

Les citoyens de la section n° 6 Saint-Thomas, assemblés en permanence dans le lieu ordinaire de leurs séances, après avoir entendu lecture de l'adresse ci-dessus, y ont adhéré dans tout son contenu et, avec transport et par un mouvement spontané, toute l'Assemblée s'est levée et a prêté de nouveau le serment de vivre libre ou de mourir en défendant la République.

A Marseille, le 17 mars 1793, l'an II de la République française.

Signé : CAVALLIER, *président;* BERNARD, *secrétaire-subrogé.*

VIII.

Adhésion de la section n° 20.

Les citoyens de la section n° 20, extraordinairement assemblés dans le lieu ordinaire de leurs séances, après avoir pris lecture de l'adresse à la Convention nationale de la société républicaine de cette ville, considérant le besoin urgent de cette mesure qui tend à consolider notre liberté en purgeant la terre sacrée de la liberté, de ces hommes infâmes aux yeux de tout vrai républicain a, en conséquence, délibéré d'y adhérer dans tout son contenu et a chargé nous, président et secrétaire, de signer en leur nom.

A Marseille, le 17 mars 1793, l'an II de la République française.

> *Signé* : GUINOT, *président de la section n° 20;* ANDRÉ, *secrétaire.*

IX.

Adhésion de la section n° 1.

Les citoyens républicains composant la section n° 1, en permanence, extraordinairement assemblés dans le lieu ordinaire de leurs séances, aux ci-devant Récollets, à dix heures du matin, après avoir pris lecture de l'adresse ci-devant et entendu divers membres dans la discussion qui a été ouverte à cet égard, ont délibéré à l'unanimité des voix d'y adhérer en tout son contenu et qu'en conséquence les citoyens président et secrétaire sont autorisés à apposer leurs signatures à ladite adresse, comme étant le vœu bien exprimé de ladite section.

A Marseille, le 17 mars 1793, l'an II de la République française.

> *Signé* : Joseph ARNAUD, *président;* FORCADE, *secrétaire.*

X

Adhésion de la section n° 7.

Les citoyens de la septième section, assemblés en permanence, extraordinairement, dans le lieu ordinaire de leurs séances, le citoyen Chaspoul, président, ayant expliqué les motifs de l'Assemblée par l'organe du citoyen secrétaire et l'assemblée étant nombreuse, après lecture faite de la présente adresse ont déclaré d'y adhérer en tout son contenu.

A Marseille, le 17 mars 1793, l'an II de la République française.

> *Signé* : CHASPOUL, *président;* DONT, *secrétaire.*

XI

Adhésion de la section n° 16.

Les citoyens composant la 16me section, assemblés extraordinairement et en grand nombre dans le lieu ordinaire de leurs séances, et après avoir entendu lecture de l'adresse de nos frères amis de la République, ont délibéré d'y adhérer dans tout son contenu.

A Marseille, le 17 mars 1793, l'an II de la République française.

Signé : RAMBERT, *président;* BAUD, cadet, *secrétaire.*

XII

Adhésion de la section n° 2.

La section n° 2, après avoir pris lecture de l'adresse ci-dessus; les citoyens pénétrés des malheurs que les appelants préparent au peuple, adhèrent dans tout son contenu à cette adresse et déclarent renouveler le serment qu'ils ont fait de maintenir la liberté et l'égalité aux dépens de leur fortune et de leur vie contre tous ceux qui voudraient y porter la moindre atteinte, de quelque manière que ce soit.

A Marseille, le 17 mars 1793, l'an II de la République française.

Signé : LERAY, *président-subrogé;* LOUCHE fils, *secrétaire - subrogé*

XIII

Adhésion de la section n° 21.

Les républicains de la 21me section, ayant entendu la lecture de l'adresse ci-dessus, y ont unanimement applaudi, avec d'autant plus de satisfaction qu'ils ne font en cela que manifester le vœu qu'ils avaient déjà émis contre les mandataires infidèles qui osèrent voter pour l'appel au peuple. Mais ils ajoutent à leur vœu une déclaration bien formelle, que la République soit purgée des traîtres qui l'ont assez longtemps déshonorée et que lorsque la Convention nationale sera convaincue de leur forfaiture, leur tête coupable tombe sous le glaive de la loi. Tel est le vœu de la 21me section qu'elle charge son président et son secrétaire d'exprimer au bas de la présente adresse, conformément au désir unanime des vrais républicains qui la composent et qui renouvellent en ce moment le serment de vivre libres et d'exterminer tous les despotes, leurs agents et leurs satellites.

A Marseille, le 17 mars 1793, l'an II de la République française.

Signé : Noël ALLIER, *président-subrogé;* SARRAZIN, *secrétaire-subrogé.*

XIV

Adhésion de la section n° 24.

La section 24 dite Bon Pasteur étant assemblée en permanence au nombre de trois cents votants, dans le lieu ordinaire de ses séances, lecture faite de l'adresse des Amis de l'égalité et de la liberté, y ont adhéré unanimement de cœur et d'âme à tout son contenu et, de plus, ont donné pouvoir au président et au secrétaire-subrogé de signer en leurs noms sur l'original de ladite adhésion.. Un membre ayant demandé par amendement que les ministres fussent également renvoyés et punis avec sévérité y a été également adhéré unanimement.

A Marseille, le 17 mars 1793, l'an II de la République française.

Signé : BILLAUD, *président;* F. VEYRIER, *secrétaire-subrogé.*

XV
Adhésion de la section n° 12.

Les citoyens républicains de la section n° 12, assemblés en permanence au nombre de cent onze membres, dans le lieu ordinaire de leurs séances, s'est présenté le citoyen Requis, commissaire de la société populaire et républicaine de cette ville, ayant fait lecture de l'adresse de ladite société à la Convention nationale ci-dessus, y ont unanimement adhéré et par amendement que tous les représentants du peuple, jugés indignes de l'être, soient mis en état d'arrestation et jugés de suite par un tribunal compétent, suivant toutes les rigueurs des lois.

A Marseille, le 17 mars 1793, l'an II de la République française.

Signé : PAYEN, *président;* BARRET, *secrétaire.*

XVI
Adhésion de la section n° 9.

La section n° 9, légalement assemblée en permanence, après avoir pris lecture de l'adresse des Amis de la liberté et de l'égalité;

Considérant que les lâches qui ont voté l'appel au peuple n'ont adopté cette mesure criminelle que pour introduire la guerre civile et détruire l'édifice de la liberté et de la République, a unanimement et par acclamation délibéré d'y adhérer dans tout son contenu.

A Marseille, le 17 mars 1793, l'an II de la République française.

Signé : GIRARD, *président;* JOURDAN, *secrétaire*

XVII
Adhésion de la section n° 5.

La section numéro 5, légalement assemblée en permanence dans le lieu accoutumé de ses séances, après avoir entendu la lecture de l'adresse ci-dessus, a délibéré, avec transport et à l'unanimité, d'y adhérer, et sur la demande d'un membre qui a proposé que le président et le secrétaire seront députés pour se rendre à l'assemblée populaire à l'effet de signer ladite adhésion sur l'original même, il a été encore délibéré qu'ils s'y transporteraient de suite, pour satisfaire à cette volonté unanime d'après laquelle la section désire le maintien de la liberté, de l'égalité de la République une et indivisible et l'expulsion de tous les traîtres qui voudraient s'y opposer.

A Marseille, le 17 mars 1793, l'an II de la République française.

Signé : CABROT, *président;* GRASSET, fils, *secrétaire-subrogé.*

XVIII

Adhésion des sections n° 13 et n° 4.

La section n° 13, extraordinairement assemblée, présents 295 votants, a délibéré unanimement d'adhérer au contenu de l'adresse à l'Assemblée conventionnelle, à elle communiquée par la société des Amis de la liberté et de l'égalité de cette ville, dont lecture avait été faite par le citoyen président. Il a été délibéré, de plus, de rappeler nos députés appelant au peuple, que dans tous les départements même délibération soit prise; il a été délibéré encore que ces traîtres avaient perdu notre confiance, qu'ils avaient même perdu le droit d'exercer les pouvoirs que le peuple leur a donnés parce qu'ils ont agi, travaillé, parlé, écrit contre leurs mandats et que, de droit tout mandataire ne peut rien faire contre ceux qui les ont nommés. L'assemblée a montré la plus grande énergie contre les tyrans, les traîtres, les rebelles et ils ont renouvelé le serment de vivre libres ou mourir et de veiller sur les citoyens suspects.

Signé : BONNET, *président;* RIMBAUD, *secrétaire-subrogé.*

Ont signé également : DELOBRE, aîné, président de la section n° 4; PORTELASSY, secrétaire de la section n° 4.

XIX

Adhésion de la section n° 3.

Les citoyens républicains de la 3me section, légalement assemblés et extraordinairement dans la salle de l'école chrétienne de la paroisse dite *la Trinité*, après avoir pris lecture de l'adresse des citoyens Amis de la liberté et de l'égalité, ont délibéré d'y adhérer dans tout son contenu, l'Assemblée composée de 200 votants.

A Marseille, le 17 mars 1793, l'an II de la République française.

Signé: GAUDÈME, *président;* L. ROLLIN, *secrétaire.*

XX

Adhésion de la section n° 11.

La section N° 11, assemblée en permanence dans le lieu ordinaire de ses séances, après avoir entendu la lecture de l'adresse ci-dessus, a unanimement adhéré dans tout son contenu avec grande acclamation, d'employer toutes ses forces pour le soutien de la République une et indivisible et écarter tous les ennemis intérieurs et extérieurs.

A Marseille, le 17 mars 1793, l'an II de la République française.

Signé : Joseph-Ignace BELLIARD, *président;* PAYAN, *secrétaire-subrogé.*

XXI.

Adhésion de la section n° 14.

Les citoyens républicains de la section N° 14, assemblés extraordinairement aujourd'hui dix-septième mars, après avoir entendu la lecture de l'adresse ci-dessus, qui nous ont fait, d'un côté, connaître l'infidélité de nos mandataires que nous connaissons déjà et, d'un autre côté, la nécessité urgente d'empêcher que la doctrine de ces hommes pervers puisse occasionner des effets dangereux à la liberté et à l'égalité, ont délibéré unanimement d'adhérer dans son entier au contenu de ladite adresse pour que nous ne soyons plus longtemps exposés aux suites funestes d'une législation dont la plupart des membres semblent avoir adopté des sentiments si opposés à ceux des vrais républicains, dont les désirs enflammés sont de soutenir, au péril de la fortune et de l'existence, cette Montagne où nos regards avides sont continuellement attachés.

A Marseille, le 17 mars 1793, l'an II de la République française.

Signé : GAVRIGUE, *président;* REYNIER, *secrétaire.*

XXII.

Adhésion de la section n° 19.

La section dix-neuvième de cette ville, assemblée extraordinairement, après avoir lu l'adresse de la société de nos frères républicains, pour la révocation de nos mandataires parjures et traîtres, a délibéré unanimement d'adhérer à cette adresse qui renferme le moyen infaillible et longtemps désiré par les vrais amis de la liberté d'assurer le bonheur de la France.

A Marseille, le 17 mars 1793, l'an II de la République française.

« *Signé :* Joseph SUE, *président;* COSTE, *secrétaire.* »

XXIII.

Adhésion de la section n° 22.

La section N° 22, plaine Saint-Michel, assemblée en permanence dans le lieu ordinaire de ses séances et composée de cent-vingt-neuf membres, en observant que deux compagnies de cette section sont de service aujourd'hui après avoir pris lecture de l'adresse ci-dessus, faite par la société des Amis de la liberté et de l'égalité de cette ville;

Considérant qu'un mandataire infidèle est tout à la fois le plus coupable des hommes et le plus grand ennemi d'un État;

Considérant que le salut de la République exige impérieusement que les députés qui se sont montrés traîtres à la patrie en devenant infidèles à leurs mandats, quittent de suite un poste qu'ils déshonorent par leur présence et qu'ils n'occupent que pour nuire à la chose publique;

Considérant que, dans les circonstances, le peuple ne peut reconnaître pour ses députés que ceux qui se sont constamment montrés ses amis;

Considérant enfin que les députés infidèles ne peuvent méconnaître aujourd'hui la voix du peuple, qui, souverain pour les nommer, l'est aussi pour les rappeler, sans attirer sur leur tête la plus effrayante responsabilité;

A unanimement délibéré d'adhérer à ladite adresse, en approuvant tout le contenu, se joignant à ses frères de la Société des Amis républicains de cette ville, pour qu'elle ait son effet, la renforçant de tout ce qu'une adhésion peut lui donner de vigueur, afin qu'elle paraisse le vœu de tout le peuple marseillais, comme elle l'est en effet.

A Marseille, le 17 mars 1793, l'an II de la République française.

Signé : PAUL, *président;* BEAUGEARD, *secrétaire.* »

XXIV.

Adhésion de la municipalité de Marseille.

Vu la pétition ci-dessus et les adhésions des sections de Marseille, nous, maire et officiers municipaux de la même ville, ouï le citoyen procureur de la commune, joignons notre vœu à celui de nos concitoyens et, en conséquence, déclarons adhérer à cette pétition.

Fait à Marseille, dans la maison commune, le 17 mars 1793, l'an II de la République française.

Signé : Mourraille, *maire ;* Servel, *fils, officier municipal ;* Roubière, *officier municipal ;* Guindon, *fils, officier municipal ;* Gayet, *officier municipal ;* Seytra, *officier municipal ;* Gerin, *officier municipal ;* Boucamier, *officier municipal ;* Barbier, *officier municipal ;* Giraud, *officier municipal ;* Moisson, *officier municipal ;* Dufou, *officier municipal ;* Jean, *officier municipal ;* Georges Maneu, *officier municipal ;* Pitre, *officier municipal ;* Antoine Lézard, *officier municipal ;* J. Gougourdan, *officier municipal ;* Guichard, *officier municipal ;* Larguier, *substitut.*

XXV.

Adhésion du directoire du district de Marseille.

Vu l'adresse délibérée par la société des Amis de la République de cette ville de Marseille, adhérée par toutes les sections de la ville et par le corps municipal, tendant au rappel des députés infidèles qui siègent dans la Convention nationale ;

Sur le rapport et ouï le citoyen procureur-syndic ;

Le directoire du district de Marseille, présente les citoyens Brémond, président, Mongendre, Rosq, Amphoux et Venture ;

Déclare adopter la mesure proposée par ladite adresse et y adhérer en tout son contenu.

Fait à Marseille, le 17 mars 1793, l'an II de la République française.

Signé : Brémond, *président ;* Donjon, *secrétaire.* »

XXVI.

Adhésion de l'administration du département des Bouches-du-Rhône.

Vu l'adresse, en date de ce jour, faite par la société des Amis de la liberté et de l'égalité de cette ville de Marseille, aux députés de la Convention nationale qui ont voulu l'appel au peuple, l'adhésion donnée à ladite adresse par les 24 sections de la commune et le corps municipal de la même ville ainsi que par le directoire du district de Marseille;

Ouï le procureur général syndic;

L'administration du département des Bouches-du-Rhône déclare adhérer à ladite adresse.

Fait à Marseille, dans la séance publique de l'administration du département, le 17 mars 1793, l'an II de la République française.

Signé : Paris, *président;* Bazin, Lazare; L. Millot; G. Galibert; P.-G. Fenal; J.-B. Jean; Granet, *aîné;* Bompard; Chappe; L. Barthélemy; Jean Barthélémy; Jacques Scott.

26

www.ingramcontent.com/pod-product-compliance
Lightning Source LLC
Chambersburg PA
CBHW070533050426
42451CB00013B/2987